ASSOCIATION NATIONALE.

CAISSE DE SECOURS FRATERNELS

DES

GARDES NATIONALES DE FRANCE.

PARIS

IMPRIMERIE CENTRALE DE NAPOLÉON CHAIX ET Cie,

Rue Bergère, 8, près le boulevart Montmartre.

1848

ASSOCIATION NATIONALE.

CAISSE DE SECOURS FRATERNELS

DES

GARDES NATIONALES DE FRANCE.

Par devant Me OLAGNIER et son collègue, notaires à Paris, soussignés, le   juin 1848, fut présent :

M. EYMIN (Pierre-Denis-Hippolyte), ancien négociant, demeurant à Paris, rue Richer, 17;

Lequel nous a exposé :

Que les grandes associations philanthropiques, où le système de la mutualité vient au secours des classes peu aisées, ont seules aujourd'hui la puissance d'améliorer le sort des hommes déshérités de la fortune;

Que plus ces associations sont étendues, plus leur influence est efficace et sensible;

Et que, par ces considérations, il croit faire une œuvre utile en même temps qu'honorable, en appelant tous les gardes nationaux de France dans une vaste association, régie sous les auspices de la bonne foi et de l'équité, où chacun, dans la limite de ses besoins et de ses droits, trouvera des secours réels et immédiats pour le présent et surtout des ressources assurées pour l'avenir;

Il nous a, en conséquence, requis de dresser et régler de la manière suivante les statuts de l'Association qu'il se propose de fonder.

1848

TITRE Ier.

Fondation.

ARTICLE 1er.

M. Eymin crée par les présentes une Association nationale sous le titre de : CAISSE DE SECOURS FRATERNELS DES GARDES NATIONALES DE FRANCE.

ART. 2.

Le siége de l'Association est actuellement *boulevart Poissonnière, n° 6, au premier,* et pourra être transporté, si besoin est, partout ailleurs, mais toujours dans Paris.

TITRE II.

ART. 3.

La caisse de l'Association se composera :

1° Du produit des souscriptions annuelles de tous les gardes nationaux adhérents ;

2° De tous les dons volontaires faits par les souscripteurs ou autres personnes, en dehors des cotisations annuelles ;

3° Et des intérêts capitalisés de toutes les sommes dont il n'aurait pas été fait emploi.

ART. 4.

La cotisation de chaque souscripteur est fixée à la somme de DOUZE FRANCS par an, payable par mois et par avance, indépendamment de UN FRANC par année, formant l'indemnité allouée à forfait au Directeur, pour tous frais de gestion et d'administration.

Il sera versé immédiatement, et en souscrivant, une somme de DEUX FRANCS, dont un franc pour le premier douzième de la souscription annuelle, et un franc pour la première année de l'indemnité desdits frais d'administration et de gestion ; et les

ONZE DOUZIÈMES restants de la souscription, de mois en mois, pendant le cours de ladite année, et ainsi de suite et de la même manière, pendant toute la durée de la souscription.

ART. 5.

Les fonds provenant des souscriptions et des dons volontaires seront, à la diligence du Directeur général, et après décision du Conseil d'administration, déposés dans telle caisse publique que ledit Conseil aura désignée, pour, ensuite, être convertis, soit en rentes sur l'État ou effets publics, soit en acquisition d'immeubles.

Les titres de rentes ou autres valeurs acquises au nom de l'Association resteront déposés dans la caisse publique désignée par le Conseil.

TITRE III.

Souscriptions.

ART. 6.

Les opérations seront appliquées d'abord aux gardes nationales du département de la Seine, et ensuite, par extension, à celles de la France entière dans chaque département.

L'Association commencera ses opérations à partir du 20 juin 1848.

ART. 7.

Les souscriptions du département de la Seine seront reçues au siége de l'Association, où les cotisations mensuelles devront être versées.

Il en sera de même des dons volontaires qui seraient faits à l'Association. L'administration signalera à la reconnaissance publique les personnes qui auront ainsi contribué à la prospérité de l'Association, et leur nom sera inscrit sur un registre spécial à ce destiné.

ART. 8.

Toutes les souscriptions partiront du 1er ou du 15 du mois dans lequel elles auront été faites.

ART. 9.

En cas de décès d'un souscripteur, ses héritiers ou ayant cause seront tenus d'en donner avis à l'administration dans les trois mois qui suivront le décès, et ce, à peine de déchéance des droits qu'ils pourront avoir.

ART. 10.

Tout associé en retard de trois mois, pour le payement de sa cotisation mensuelle, sera déchu de ses droits, s'il ne se libère des sommes par lui dues dans le mois suivant, sur l'avis qui lui en sera donné.

Ce délai passé, il ne pourra plus être admis qne comme nouveau souscripteur.

TITRE IV.

Secours et Pensions.

ART. 11.

Les secours à accorder au moyen des ressources créées en l'article 3 ci-dessus, seront de deux sortes :

1° Indemnités journalières et temporaires;

2° Pensions viagères.

Secours journaliers.

ART. 12.

Le service des indemnités journalières commencera six mois après le jour fixé en l'article 6, et sera réglé sur les bases suivante : En cas d'accident ou de maladie entraînant incapacité de travail momentanée, tout souscripteur recevra journellement :

1° S'il est célibataire. . . . . 2 fr.

2° Si, étant célibataire, il a à sa charge son père
ou sa mère, son aïeul ou son aïeule. . . . . }
3° S'il est marié. . . . . } 3

4° S'il est marié ou veuf avec des enfants, ayant
en même temps à sa charge son père ou sa mère,
son aïeul ou son aïeule. 4

Art. 13.

Toute demande de secours journaliers devra être appuyée d'un certificat de l'aide-major de la compagnie à laquelle appartient le demandeur, indiquant la cause et la nature de la maladie ou de l'incapacité, et d'un certificat du maire de l'arrondissement, constatant celle des quatre catégories ci-dessus dans laquelle se trouve le souscripteur.

Pensions viagères.

Art. 14.

Le service des pensions viagères sera établi comme suit :

Tout souscripteur qui se trouvera dans les conditions prescrites ci-après, article 21, aura doit à une pension annuelle, savoir : après 5 ans de souscription, de. . . . 100 fr.

10 ans	—	, de. . . .	200
15 ans	—	, de. . . .	300
20 ans	—	, de. . . .	400
25 ans	—	, de. . . .	500

Art. 15.

Tout souscripteur dont la pension aura été liquidée dans l'une des catégories qui précèdent, n'aura plus de versement à opérer, et sa pension sera définitive, sans qu'il puisse prétendre aux pensions des catégories plus élevées.

Art. 16.

Les pensions liquidées seront reversibles, mais par moitié seulement, en cas de décès d'un souscripteur, sur la tête de sa veuve ou sur celle de ses enfants par parts égales.

Art. 17.

La veuve d'un souscripteur ne pourra revendiquer le bénéfice de la réversibilité de la pension, qu'autant que l'époque de son mariage remontera au moins à deux ans.

Art. 18.

Les orphelins d'un souscripteur hériteront de la pension dont jouissait leur mère après le décès de son mari.

Art. 19.

La même pension leur fera retour dans le cas où leur mère perdrait, en contractant un nouveau mariage, le droit qui vient de lui être conféré par l'art. 16.

Art. 20.

Dans ces deux cas, la pension sera continuée aux orphelins jusqu'à ce qu'ils aient atteint l'âge de dix-sept ans.

Art. 21.

Aura droit à une des pensions viagères déterminées en l'article 14 qui précède, tout souscripteur qui, après l'expiration des 5, 10, 15, 20 ou 25 années de souscription, serait reconnu invalide ou incapable de pourvoir à son existence.

Art. 22.

Les demandes en règlement de pension adressées à l'administration, seront appuyées d'un certificat du chirurgien-major de la légion du demandeur, constatant les causes et le degré d'invalidité, et d'un certificat du maire de l'arrondissement indiquant sa position.

Art. 23.

Toutes demandes de secours ou pensions seront soumises au conseil d'administration, qui statuera sur leur mérite et leur valeur.

Art. 24.

Toutefois, en cas d'urgence signalée, le directeur général pourra accorder les premiers secours provisoires, sauf à en référer ensuite au Conseil d'administration.

ART. 25.

Les pensions seront servies, pour le département de la Seine, par trimestres échus et au siége de l'administration.

TITRE V.

Conseil d'administration.

ART. 26.

Sont présidents-nés du conseil d'administration de l'Association nationale :

Le général commandant supérieur de la garde nationale de la Seine et le maire de Paris.

ART. 27.

Outre les deux présidents désignés en l'article précédent, le Conseil d'administration sera composé de la manière suivante :

1º Les 12 colonels des légions de Paris;

2º Les 2 colonels des légions de banlieue;

3º Le colonel de la garde nationale à cheval;

4º Le colonel de l'artillerie;

5º Le colonel ou le commandant du génie;

6º Les maires des 12 arrondissements de Paris;

7º 5 chefs de bataillon en 1er, dont 4 des légions de Paris et un de la banlieue, lesquels assisteront au conseil à tour de rôle, et par ordre de numéros de légions;

8º Et enfin 16 sous-officiers ou gardes nationaux membres de l'Association, pris dans chacune des légions de Paris et de la banlieue, lesquels seront désignés par leurs colonels respectifs.

ART. 28.

Les fonctions de membre du Conseil d'administration sont gratuites.

Art. 29.

Le Conseil choisit dans son sein 6 vice-présidents et 6 secré-
taires.

Art. 30.

Le Conseil d'administration se réunit périodiquement au siége
de l'Association , une fois chaque mois , sur la convocation du
Directeur général.

Art. 31.

Pour alléger la part de chacun des membres dans ce service ,
le Conseil d'administration pourra se former en trois comités
qui, à tour de rôle, siégeront chacun quatre mois.

Le Directeur devra, dans ce cas, rendre compte à chaque comité
des travaux des comités qui auront siégé en son absence.

Art. 32.

Le Directeur général pourra, en cas d'urgence , convoquer
extraordinairement le Conseil d'administration, en motivant
toutefois cette convocation.

Art. 33.

Tous les ans, le Conseil d'administration, auquel s'adjoindra
le Conseil de surveillance dont il va être parlé, se réunira en
audience solennelle, dans l'une des salles de l'Hôtel-de-Ville ,
pour entendre le compte-rendu des opérations qui auront eu
lieu pendant l'exercice écoulé.

Tout membre de l'Association pourra, à titre d'auditeur seulement, assister à cette séance.

Art. 34.

Les délibérations des comités du Conseil seront consignées
sur un registre spécial , et signées par tous les membres présents. Elles seront prises à la majorité des voix, et ne seront va-
lables qu'autant que neuf membres y auront pris part.

ART. 35.

En cas d'absence de l'un des deux présidents, un des vice-présidents occupera le fauteuil.

ART. 36.

Le Conseil d'administration contrôle les actes administratifs du Directeur général, veille à l'exécution des présents statuts en ce qui concerne l'emploi des fonds et leur dépôt dans les caisses publiques.

ART. 37.

Il règle et détermine les secours journaliers, et liquide les pensions. Il est seul juge du mérite des demandes.

TITRE VI.

Conseil de surveillance.

ART. 38.

Les capitaines commandant les compagnies de la garde nationale (infanterie, cavalerie, artillerie et génie), comme pères de famille desdites compagnies, sont appelés à former le Conseil de surveillance de l'Association.

ART. 39.

Les membres du Conseil de surveillance pourront, tous les jours, de 1 heure à 4 heures de relevée, se présenter isolément ou par fractions, au siége de l'Administration, pour y prendre connaissance de la situation de l'Association dans son ensemble et dans tous ses détails.

ART. 40.

Le Conseil de surveillance assistera de droit à l'audience solennelle dont il est parlé ci-dessus, article 33.

TITRE VII.

Administration et direction.

Art. 41.

Le Directeur général a pour fonctions de diriger dans toutes ses parties les affaires de l'Association, la correspondance, les écritures, etc., et de fournir au Conseil d'administration tous états et renseignements propres à éclairer celui-ci sur la situation de l'Association.

Art. 42.

M. Eymin, fondateur de la présente Association nationale, en est le Directeur général.

Art. 43.

Il ne pourra être révoqué que pour cause de malversation.

La délibération emportant la révocation du Directeur général ne pourra être prise qu'à la majorité des deux tiers des voix, le Conseil, tel qu'il est institué par les articles 26 et 27, étant au complet.

Art. 44.

Le Directeur général nomme à tous les emplois, et révoque tous employés qu'il a sous ses ordres.

Art. 45.

Il assiste aux séances des comités du Conseil, ainsi qu'à l'audience solennelle, avec voix consultative.

Art. 46.

En cas d'empêchement ou d'absence motivée, le Directeur général pourra se faire représenter par son sous-directeur.

ART. 47.

La comptabilité et toutes les autres écritures concernant l'Administration seront tenues selon la loi et sous la surveillance du Directeur général.

ART. 48.

Dans aucun cas, le Directeur général ne pourra garder en caisse plus de *deux mille francs ;* les fonds de l'Association devant recevoir la destination immédiate qui leur est attribuée par l'art. 5.

ART. 49.

Il ne pourra retirer aucune somme ni aucun titre des caisses publiques que sur un mandat motivé, et signé de lui et de deux membres du Conseil d'administration.

ART. 50.

Il transmet au Conseil d'administration toutes les demandes de secours et pensions qui lui sont adressées, ainsi que les pièces justificatives sur l'examen desquelles le Conseil décide des sommes à accorder à chacun. Il lui remet en même temps l'état des ressources dont l'Association dispose pour l'exercice courant.

ART. 51.

S'il est reconnu utile aux intérêts de l'Association, le Directeur général pourra attacher à l'Administration un conseil de santé dont les membres seront choisis par lui.

TITRE VIII.

Dispositions générales.

ART. 52.

Le service des secours et pensions ne sera exigible qu'a utan

que, dans le délai prescrit par l'art. 6, les souscriptions auront
atteint le chiffre de 25,000.

ART. 53.

Dans le cas où le chiffre de 25,000 souscripteurs ne serait pas
atteint, le Directeur général pourra cesser ses opérations et dé-
clarer l'Association dissoute.

ART. 54.

En cas de dissolution de l'Association, les sommes versées
par les souscripteurs leur seront remboursées, déduction faite
de l'allocation attribuée pour frais de gestion et d'administration.

ART. 55.

Dans le même cas, et pour répondre à l'intention des dona-
teurs, les sommes provenant de dons volontaires seront appliquées, comme secours, aux souscripteurs les plus nécessiteux,
sur états fournis par les capitaines de compagnies ; lesquels
états seront soumis à l'appréciation du Conseil d'administration.

ART. 56.

Si la dissolution de l'Association du département de la Seine
avait lieu avant les dix années requises pour les pensions de la
deuxième catégorie, les sommes provenant des déchéances et
dons volontaires antérieurs à l'année dans laquelle la dissolution aurait lieu, seront acquises à la masse et employées en secours en faveur des plus âgés des souscripteurs qui se trouve-
raient dans le besoin, ou de leurs veuves ou de leurs orphelins.

Le surplus sera partagé entre les souscripteurs au *prorata* du
temps pendant lequel chacun d'eux aura souscrit, et leur sera
remis de la manière indiquée en l'art. 26 des présents statuts.

Art. 57.

L'Association nationale étant fondée pour Paris et la banlieue sur le chiffre de 25,000 souscriptions réalisées, s'il arrivait, dans la suite que cette association vînt à cesser, par la diminution des souscriptions, les pensions allouées et liquidées continueront d'être servies aux bénéficiaires comme il est dit au titre IV qui précède, art. 26.

Lorsque toutes ces pensions seront éteintes, la somme de tous ces capitaux et des intérêts cumulés, dont les titres représentatifs resteront toujours déposés à la caisse publique désignée, servira à fonder, en faveur du département de la Seine, une maison civile de retraite pour des hommes âgés d'au moins soixante ans, n'ayant pas de moyens d'existence, où ne pouvant plus travailler.

S'il existait encore d'anciens souscripteurs de l'Association, ils auraient de droit la préférence pour l'admission dans ledit établissement, et, après eux, ceux qui auraient fait partie de la garde nationale.

Cette maison aura pour titre : MAISON DE RETRAITE ÉTABLIE PAR L'ASSOCIATION DE SECOURS FRATERNELS DES GARDES NATIONALES DE FRANCE, FONDÉE EN JUIN 1848 PAR M. EYMIN, SON DIRECTEUR GÉNÉRAL, POUR LE DÉPARTEMENT DE LA SEINE.

Art. 58.

Les présents statuts, tels qu'ils sont arrêtés, seront appliqués à la constitution des succursales qui devront être établies dans les autres départements, sauf la composition du Conseil d'administration, qui est d'institution locale.

Art. 59.

Ils ne pourront être changés, augmentés ni même modifiés, sans l'approbation des Conseils d'administration et de surveillance convoqués en entier, et que par la majorité composée des deux tiers des membres présents.

ART. 60.

Pour tout ce qui concerne l'Association nationale, le Directeur général élit domicile au siége de l'administration.

PARIS — IMPRIMERIE CENTRALE DE NAPOLÉON CHAIX ET Cⁱᵉ, RUE BERGÈRE, 8.

www.ingramcontent.com/pod-product-compliance
Lightning Source LLC
LaVergne TN
LVHW050255030726
842520LV00006B/2397